DE LA

CONSTITUTION

DE LA REPRÉSENTATION NATIONALE

DES ÉLECTIONS

ET DES CLASSES OUVRIÈRES

Prix : 60 Centimes

PARIS

E. DENTU, ÉDITEUR

LIBRAIRE DE LA SOCIÉTÉ DES GENS DE LETTRES

3, PLACE DE VALOIS, PALAIS-ROYAL

1888

DE LA CONSTITUTION

DE LA REPRÉSENTATION NATIONALE

DES ÉLECTIONS

ET DES CLASSES OUVRIÈRES

A l'époque de la rentrée des Chambres, ces graves et difficiles questions préoccupent, avec bien juste raison, le Gouvernement et nos Représentants; il importe, pour qu'elles puissent être élucidées sûrement, que le plus grand nombre d'opinions, quelles qu'elles soient, se produisent.

C'est à cet effet que les quelques lignes qui suivent sont écrites.

Disons, tout d'abord, que la représentation nationale et le suffrage universel — bien qu'il ne s'agisse pas de restreindre celui-ci mais, seulement, de l'éclairer — ne reposent, tels qu'ils sont constitués, sur aucun principe de pondération entre les besoins et les véritables intérêts de tous et de chacun.

D'après ce qui se passe dans les Chambres, dans la presse et dans la vie commune, il semblerait qu'on ne dût prendre souci que d'un seul de ces intérêts, « l'intérêt politique, » celui qui suscite le plus d'entraves dans l'action gouvernementale, qui rendrait impossible tout pouvoir, quel qu'il soit, qui rencontre le plus de divergence et d'incohérence dans sa manifestation, qui produit le plus de désordre dans les esprits et qui compromet tous autres intérêts, qui les prime et les absorbe, lorsqu'il ne devrait être que la résultante des satisfactions qui leur seraient données.

Pourquoi en est-il ainsi ? c'est que la représentation nationale est l'œuvre exclusive du suffrage universel, *abandonné, sans conseils, sans direction,* à ses passions, à ses convoitises, circonvenu par des partis hostiles les uns aux autres, ne songeant qu'à s'emparer du pouvoir ; c'est qu'il est à la merci des plus audacieux, des plus intrigants et, souvent, des plus nuls — dit-on — dans les bras desquels se jettent, inconsidérément, de corps et d'âme, les multitudes attirées par des promesses fallacieuses, des théories séduisantes pour elles, mais d'autant plus malsaines qu'elles seraient destructives de tout ordre social et de leur propre existence.

Pourquoi en est-il, encore, ainsi ? C'est que la représentation nationale elle-même, au lieu de n'être, comme elle l'est, qu'une assemblée de *personnalités purement nominales,* auxquels, pour un grand nombre, on ne saurait attribuer aucune action que celle de « politiquer », devrait être constituée *des forces vives et réelles de la nation,* proportionnelles à leur importance et se pondérant entre elles, à savoir : l'agriculture, l'industrie, le commerce, les sciences, les arts, l'économie politique, les finances, l'armée, la marine, la justice, les cultes, l'assistance publique, etc.

Mais quels en seraient les représentants ? Ce ne devrait être que les citoyens les plus éminents, dans tous les ressorts de la vie sociale. Un choix attentif serait à en faire.

Comment serait-il possible de les choisir ? L'institution du jury, en matière criminelle, nous en indiquerait les moyens. Ne choisit-elle pas les membres qui le composent parmi les honorabilités du pays ?

Si, pour juger des criminels, isolés, on a jugé nécessaire — ce qui n'a donné lieu à aucune critique — de ne pas confier au premier venu le soin de rendre la justice ; à plus forte raison, lorsqu'il s'agit de défendre et de protéger l'existence d'une nation entière, dans ses besoins et ses intérêts multiples, aussi sérieux les uns que les autres, serait-on fondé à choisir à cet effet les plus distingués, les plus compétents, les plus aptes pour en juger.

Nous estimons qu'il ne peut y avoir de doute à cet égard, ni d'hésitation à se prononcer dans ce sens, d'autant moins, d'après ce qui va suivre, que le suffrage universel conserverait ses droits. Il n'en serait touché que favorablement, d'ailleurs, en ce que les électeurs s'en trouveraient éclairés et sauraient en considération de quoi et pourquoi ils auraient à voter.

Leurs choix ne porteraient plus sur des personnalités n'ayant qu'une signification nominative, mais, uniquement, sur les forces vives et réelles de la nation, dans l'intérêt de tous comme de chacun.

Moyens de réalisation. — Tous ceux qui se jugeraient aptes à faire partie de l'Assemblée nationale en feraient la demande, en justifiant de leur valeur et en mentionnant la catégorie d'intérêts qui les caractériseraient.

Il serait formé par groupes de *trois ou quatre* départements limitrophes, ayant, généralement, des intérêts similaires, un *Conseil supérieur*, ayant mission de désigner les candidats parmi lesquels le suffrage universel s'exercerait librement.

Le nombre de ces candidats serait décuple de celui des sièges qui seraient à attribuer à chacun des groupes de départements. Les choix des électeurs qui, généralement, ne portent que sur trois à quatre concurrents au plus, n'en seraient que plus étendu, ce dont on n'aurait pas à se plaindre.

Ce Conseil supérieur se composerait des conseils généraux des départements qui seraient réunis, assistés des notabilités les plus importantes, à savoir : présidents des conseils d'arrondissement, des chambres de commerce, d'industrie, d'agriculture, des syndicats divers, des sociétés savantes, des sciences et des arts, des cours judiciaires, officiers retraités de l'armée et de la marine, financiers, délégués des cultes et des sociétés d'assistance publique ou de bienfaisance et en résumé tous ceux dont le concours serait jugé utile.

Les choix seraient à déterminer par sections d'intérêts, proportionnellement à leur importance, afin d'obtenir une équitable pondération entre elles.

Ces sections, par exemple, pourraient être ainsi formées :

1° L'agriculture, l'industrie, le commerce ;

2° l'économie politique, les sciences, les arts ;

3° les finances et la justice ;

4° l'armée et la marine ;

5° Les cultes, l'assistance publique et la bienfaisance.

L'importance, en nombre surtout, qu'il serait utile de représenter dans l'Assemblée nationale, obligerait, nécessairement, à augmenter le nombre des députés et conduirait à n'avoir qu'une seule Chambre, mais, celle-ci plus sage et plus prudente par ses éléments particuliers, pourrait agir beaucoup plus sûrement, par elle seule.

On y gagnerait, également, beaucoup plus de célérité dans la marche des affaires.

Il ne pourrait y avoir dans chaque section, plus de députés qu'il ne lui en serait attribué, de telle sorte qu'il n'y aurait pas à redouter que la pondération jugée nécessaire entre elles ne devînt illusoire.

Les votes du Conseil supérieur auraient lieu à bulletin secret comme ceux des électeurs.

Les bulletins de vote des électeurs porteraient, à découvert, la section pour laquelle ils voteraient.

Les élections par le suffrage universel se feraient dans les départements respectifs de chacun. Elles seraient attribuables *au groupe* de départements auquel on appartiendrait.

Afin de ne pas avoir à renouveler fréquemment les élections, en cas de vacances par suite de décès, le second des candidats qui aurait obtenu le plus de suffrages après le premier serait nommé député suppléant, soit pour le remplacer définitivement, soit temporairement pendant l'absence du titulaire, d'une durée de plus de quinze jours, de telle sorte que son siège resterait toujours occupé quoi qu'il advînt. Cette élection en double, qui ne pourrait avoir lieu sous le régime actuel, attendu que les deux premiers candidats ne représentent généralement pas les mêmes opinions ni le même esprit, n'offrirait que des avantages dans le cas dont il s'agit.

Les intérêts des grandes villes étant, en quelque sorte, les mêmes que ceux de la nation, les propositions qui précèdent leur seraient applicables pour la composition de leur conseil municipal, sinon identiquement, du moins d'une manière analogue.

Quelques objections et critiques seraient à prévoir sur l'ensemble de ces propositions.

On pourrait se demander pourquoi nous n'avons pas introduit dans l'énoncé des intérêts à protéger, la politique proprement dite.

Les hommes supérieurs qui composeraient l'Assemblée nationale, quels que soient les intérêts qu'ils représenteraient, seraient plus que tous autres ou du moins également aptes à la traiter sûrement, à tous égards.

L'élite de la nation ne pourrait manquer de patriotisme, d'honneur, de discernement et, en même temps, de prudence et de sagesse.

Du reste, la Politique ne doit être, redirons-nous, que la résultante des satisfactions données aux intérêts de la nation.

Nous n'ignorons pas, encore, qu'un certain nombre de citoyens, les ambitieux, les agitateurs par tempérament, les déclassés, ne trouvant plus dans cette organisation les moyens d'action dont ils sont nantis aujourd'hui, n'y applaudiraient pas, mais, ceux-là, quels qu'ils soient, ne sont qu'une faible fraction de la nation entière, malgré l'agitation qu'ils y entretiennent.

Leurs agissements ne prévaudraient pas contre le calme, l'apaisement des esprits, ni contre l'ordre, la sécurité, la stabilité et la confiance qui naîtraient partout.

Ils ne prévaudraient pas, en outre, contre la réelle et collective intelligence qui prendrait nos intérêts en mains, quel que soit le régime gouvernemental sous lequel nous serions placés.

Une question à l'égard des propositions qui précèdent resterait à examiner, celle de savoir comment les classes ouvrières les plus nombreuses envisageraient la réforme dont il s'agit?

Elles ont, aujourd'hui, la puissance du nombre ; elles trouvent, en outre, des auxiliaires audacieux, entreprenants, qui n'agissent que dans leurs propres intérêts, sans qu'elles s'en aperçoivent, qui les poussent à s'insurger contre l'ordre social.

Leurs aspirations, en outre, qu'on ne peut légitimement condamner, mais qu'on doit éclairer, celles de posséder ce qu'elles n'ont pas, sont, à l'égard de leurs visées, un agent beaucoup plus actif que n'est pour nous — ainsi qu'en témoignent nos abstentions dans les élections — le besoin de conserver ce que nous possédons !

Néanmoins, en substituant, comme nous le proposons, aux préoccupations exclusivement politiques qui agitent

*

et ébranlent la société, sans profit pour personne, celles des réels intérêts de tous et de chacun, ne donnant aucune prise aux intrigants et aux audacieux ;

Si, surtout, quant à la classe ouvrière, on lui offrait des avantages qui l'exciteraient à *prendre souci de la prospérité des industries qui la font vivre* ;

Aucun des désordres qui lui sont particulièrement préjudiciables, d'ailleurs, ne seraient plus à craindre.

Les propositions qui vont suivre, tendant à l'amélioration du sort de la classe ouvrière, contribueraient puissamment à de tels résultats.

Elles ont fait l'objet d'une brochure que nous avons publiée en 1874. Accueillie favorablement par les ouvriers, elle est restée néanmoins lettre morte, soit qu'elle n'ait pas été jugée opportune alors, soit qu'elle n'ait été tirée qu'à un très petit nombre d'exemplaires.

DE LA

QUESTION OUVRIÈRE

ET SOCIALE

———

La question ouvrière est une de celles dont on doit se préoccuper davantage. Il importe de la résoudre, et sa solution ne peut être obtenue qu'en conciliant les intérêts qui sont en lutte, — le travail et le capital. — Ce n'est qu'à cette condition que la société peut être préservée des tourmentes révolutionnaires qui l'ont mise à deux doigts de sa perte et qui, toujours, la menaceraient, quel que soit le régime politique sur lequel elle serait assise.

En neutralisant les effets dissolvants de la rivalité qui règne entre les deux éléments de production et de vie pour la société, — le travail et le capital ; — en apaisant les convoitises de l'ouvrier, on n'aurait plus à se défendre que contre des hommes qui n'auraient conscience ni du bien, ni du juste, et qui, dès lors, ne mériteraient aucun ménagement.

Ceux-ci ne seraient plus à craindre d'ailleurs. Ils seraient isolés dès le jour où la classe ouvrière reconnaîtrait qu'il a été fait pour elle tout ce que la raison, l'équité et l'humanité conseillent et, privés de leurs moyens d'action sur les masses, ne pouvant plus invoquer la cause du peuple pour fomenter le désordre et saper les bases de nos institutions, ils seraient désarmés, à découvert et sans force.

Indépendamment de ces avantages, si, par la perspective d'un bien-être assuré, on inculquait l'habitude de l'ordre et de l'épargne à tous ceux qui travaillent ;

Si on parvenait à les fixer, de leur plein gré, dans leurs usines, leurs fabriques, leurs ateliers ;

Si les grèves ne pouvaient plus être à redouter ;

Si de tels résultats étaient obtenus par des moyens simples, rationnels et pratiques ; s'ils étaient acceptés de part et d'autre ;

Le problème posé serait résolu.

Malgré les avantages qu'elles présentent, toutes les institutions quelconques d'association, de coopération, de prévoyance et de charité qui ont été créées dans l'intérêt de la classe ouvrière, et qu'il importerait, en tout cas, de conserver et d'étendre ; tous les expédients auxquels on a eu recours jusqu'à présent, n'ont eu, à cette fin aucun effet utile. Les désordres de toute nature qui viennent de se produire en témoignent grandement.

On doit en conclure que nul n'a touché à la corde sensible, que nul n'a répondu aux aspirations et aux vœux de l'ouvrier.

Il convoite, sinon la fortune, du moins l'aisance. Il n'est pas assez insensé, toutefois, pour désirer qu'on la lui donne gratuitement, mais il voudrait qu'on lui procurât les moyens de l'acquérir.

Ses vœux les plus chers sont de pouvoir s'élever au-dessus de sa condition. On ne peut lui en faire un crime ni même un reproche et chacun doit l'aider à y parvenir.

Dans l'ordre des choses actuelles, il ne peut changer sa condition. S'il en est qui y parviennent, ils font exception en regard de la généralité des ouvriers, dont nous devons nous occuper parce qu'il s'agit ici de raisonner sur des masses et non sur des individualités.

D'ailleurs, le succès de ceux qui ont pu s'élever à la fortune et à la célébrité même, ne peut être dû, il faut en convenir, qu'à leur intelligence hors ligne et à des circonstances heureuses qu'ils ont rencontrées.

Cet argument, trop généralement opposé aux prétentions de l'ouvrier, à savoir qu'il peut acquérir dans les conditions actuelles, par l'économie, les ressources qui lui font défaut, ne peut être qu'un moyen dilatoire accusant, sinon de l'indifférence à son égard, du moins l'impuissance où l'on est jusqu'à ce jour de résoudre ce problème.

Dans les conditions ordinaires, communes au plus grand nombre, l'ouvrier ne peut sortir du milieu dans lequel il vit, par cette raison bien simple et péremptoire qu'il reste toujours, quoi qu'on fasse, dans la même situation.

Son salaire, bien qu'il soit augmenté dans des proportions sensibles, lui permet de vivre, mais il ne lui laisse pas généralement la possibilité de se créer un petit capital susceptible de lui fournir les moyens de travailler, à un moment donné, suivant son libre arbitre, de profiter seul de son labeur, de son intelligence et de mettre ses vieux jours à l'abri du besoin, sans avoir recours à la charité publique.

Les économies qu'il pourrait faire ne lui rapportant qu'un intérêt fort minime, il n'est pas encouragé à les réaliser. Il les entrevoit, d'ailleurs, dissipées ou au moins compromises par quelques jours de maladie ou de chômage. Il perd le courage et l'espoir de voir sa condition et celle de sa famille s'améliorer. Ses facultés morales s'éteignent. Il vit au jour le jour, sans souci des siens, sans souci de sa santé même et dans cet état commun à un bien grand nombre, découragé, sans espérance d'un meilleur sort, il s'insurge contre la société et fait cause commune avec des hommes qui la déshonorent.

A tous les points de vue il importe donc d'épouser sa cause dans ce qu'elle peut avoir de juste, de légitime et de pratique, et il appartient à ceux, surtout, qui ont besoin de ses bras et de son intelligence, de s'y intéresser, non par des paroles mais par des actes ; non par des promesses mais par des concessions effectives et réelles.

L'ouvrier se trouve dans une impasse : il faut qu'il en sorte, au risque de tout briser devant lui. Seul, le patron peut lui ouvrir une issue et se dégager de ses étreintes, et ce, d'autant plus facilement qu'il n'en éprouverait aucun dommage appréciable.

L'ouvrier ne demande pas de faveurs, nous l'avons dit. Il n'en voudrait pas. Sa fierté naturelle repousserait toutes générosités, qu'elles qu'elles fussent, dès qu'elles auraient un caractère de générosité.

Ce qu'il veut, ce qu'il doit vouloir, nous le répétons, c'est la perspective d'un avenir qui le rassurerait et l'encouragerait, la certitude que son travail et ses épargnes le sortiraient de la situation stationnaire dans laquelle il végète et à laquelle il n'entrevoit même pas aujourd'hui d'améliorations progressives.

De tous les moyens auxquels on avait songé à cet effet, celui de faire participer l'ouvrier aux bénéfices des patrons n'est pas pratiqué.

Dans tel établissement il y aurait des bénéfices, lorsque dans tel autre il y aurait des pertes. Les règlements de comptes seraient impossibles à régler sans discussions interminables. L'ouvrier s'immiscerait aux opérations de son patron. Il voudrait contrôler ses actes, et l'initiative, le libre arbitre de celui-ci s'en trouveraient paralysés.

Toutefois, bien qu'irréalisable, ce moyen est à invoquer dans la cause dont il s'agit, en ce que, juste et rationnel, en principe, il vient à l'appui des propositions qui vont suivre ; celles-ci, d'une réalisation possible, présentent, en outre, un double avantage, celui d'être profitable aux patrons comme aux ouvriers.

Il s'agirait de rendre les épargnes de ceux-ci plus productives d'intérêts que ceux auxquels elles sont limitées, en considérant, indépendamment des raisons déjà données, que dans la fabrication, par exemple, les bras de l'ouvrier ne sont autres que des machines formant le capital engagé dans l'industrie ; que ce capital permettant de la soutenir, de l'étendre et de la développer, les bras de l'ouvrier devraient également lui fournir pour lui-même, les moyens non seulement de vivre, mais encore d'améliorer son sort pour l'avenir.

Pour qu'il en fût ainsi, que faudrait-il ? Une seule chose, à savoir que les usiniers, les fabricants et les commerçants consentissent à recevoir en dépôt les épargnes de leurs ouvriers et à leur attribuer un taux d'intérêts proportionnel à celui qu'ils retireraient de ces épargnes, se trouvant dès lors confondues avec leurs propres capitaux.

Ces industriels n'éprouveraient ainsi aucune perte, car au pis aller, ils n'auraient à rendre que ce qu'ils auraient reçu : le capital résultant de ces épargnes et le bénéfice qu'ils auraient retiré.

Dans les affaires on n'a jamais trop d'argent. En tout cas, comme ces capitaux ne seraient que le produit d'épargnes faites dans les mêmes établissements et non ailleurs, ils ne seraient jamais bien importants pour chaque patron.

Ce taux d'intérêt serait à fixer par les patrons eux-mêmes, toute liberté devant leur être laissée ; cependant il nous paraîtrait nécessaire, soit dit comme exemple, qu'il ne fût pas moindre de 6 p. 0/0 ni supérieur à 10, pour rester dans des limites raisonnables.

Les dépôts seraient portés sur des livres à souche, qui en fixeraient la quotité et leurs dates précises. Des reconnaissances détachées de ces livres seraient remises aux déposants et établiraient leurs droits. Ils seraient faits au moment de leur paye ; proportionnés à leur salaire, soit de un ou de deux dizièmes pour qu'il n'y ait pas d'abus de leur part.

Une réglementation, du reste, liant les parties, serait nécessaire ; dans ce cas, on ne saurait mieux faire que d'en appeler pour la formuler et la rédiger, aux lumières des Chambres de commerce et des syndicats.

Mais, au préalable, afin de préserver les dépôts dont il s'agit des éventualités fâcheuses qui pourraient en compromettre la sécurité, on aurait à obtenir des Chambres le privilège qu'ils pussent être remboursés avant toutes créances, le cas échéant.

Ce serait, sans doute, des sujétions qu'on aurait à s'imposer, mais que seraient-elles vis-à-vis des troubles et des dangers dont nous sommes menacés ; et surtout en regard, par contre, des bienfaits qui en résulteraient pour la classe ouvrière, et qui pourraient, sans qu'il en résultât pour qui que ce fût, le moindre préjudice, s'étendre sur tous les agents et tous les employés des compagnies de chemins de fer, de houillères et de toutes autres analogues.

Serait-on fondé, pour quelques soucis, quelques embarras, à repousser de tels avantages lorsque la société y gagnerait une somme de travail, d'autant plus grande, qu'étant plus fructueux, le travail serait plus soutenu, plus actif ?

Lorsque les patrons s'attacheraient, ainsi, leurs ouvriers, et que ceux-ci s'intéresseraient à la prospérité de leur industrie ; lorsqu'il n'y aurait plus de motifs plausibles pour se coaliser et se mettre en grève ?

Lorsque les liens d'intérêts et d'estime nous rattacheraient, ainsi, les uns aux autres, grands et petits, riches et pauvres, et lorsque la division funeste qui règne entre les diverses classes de la société et qui est une de ses plaie , disparaîtrait au profit de tous, sans craintes de tourmentes subversives de tout ordre social ?

Lorsqu'enfin, il aurait été donné satisfaction à des vœux naturels et légitimes en mettant ainsi entre les mains de chacun les moyens de s'élever graduellement et d'atteindre *la seule et réelle égalité à laquelle il soit possible de prétendre* dans quelque condition qu'on soit?

Qu'on y réfléchisse ! Tout ce qu'on a fait à cet égard, jusqu'à présent, est insuffisant. Les tourmentes populaires qui troublent la société le démontrent surabondamment.

L'augmentation des salaires, qu'on ne pourrait déterminer, subordonnée qu'elle est à des lois d'équilibre entre le coût des produits industriels et le profit qu'on doit en retirer, ne saurait, si elle était possible, sortir la classe ouvrière de la condition inférieure à laquelle elle reste assujettie.

Par un surcroît de salaire, l'existence de l'ouvrier s'en trouverait améliorée, sans doute, mais elle ne le serait qu'au jour le jour. Dans ce cas même, ce ne pourrait être, d'ailleurs encore, le minime intérêt de 3 fr. 50 par cent francs, que lui offre la Caisse d'épargne qui serait susceptible de lui créer, pour lui et pour les siens, un avenir plus sortable, plus rassurant, lui faisant présager plus d'indépendance et plus de liberté d'action.

Ce taux d'intérêt est tellement mince relativement à

des aspirations d'un meilleur sort, qu'en général l'ouvrier n'en fait aucun cas. Il est fort rare qu'on le rencontre à cette Caisse, parmi les déposants. Qu'on inscrive sur les livrets de ceux-ci l'état qu'ils exercent — soin qui serait à prendre en tous cas — et l'on sera convaincu de la réalité de ce dire !

Le seul moyen d'améliorer, en réalité, le sort de la classe ouvrière ne peut donc être autre que celui que nous proposons.

Tous les industriels et tous les ouvriers — toute liberté d'action leur étant laissée, néanmoins— ne pour- raient, il est vrai, jouir *d'un jour à l'autre*, des avantages qu'offrirait ce nouvel ordre de choses, mais un grand nombre d'entre eux auraient à cœur, sans doute, d'en faire l'expérience, et le bien indubitable qui en résulterait serait un exemple qu'on aurait intérêt à suivre et qui se répandrait, s'il en était ainsi, universellement.

L'État, d'autre part, ne pouvant intervenir en pareil cas, si ce n'est pour assurer la sécurité des dépôts, cette œuvre d'un intérêt général incomberait à la société et, particulièrement, à ceux qui ont besoin, pour exercer leur industrie, du concours de l'ouvrier. Aucun préju- dice ne leur serait porté, ainsi qu'il a été dit, n'ayant à rendre que des capitaux reçus, en faible importance d'ailleurs, dont ils profiteraient, et à payer des intérêts dont ils auraient joui.

Ne serait-on pas fondé à asseoir sur ces données, à l'encontre des inquiétudes qui nous assaillent et des périls qui nous menacent, des espérances, sinon des certitudes, de paix, de concorde et de prospérité?

Du reste, il nous paraîtrait de nécessité absolue

d'améliorer les conditions d'existence de la classe ouvrière par quelque moyen que ce fût.

Il n'est que temps de le faire !

Ce ne serait d'ailleurs, d'après ce qui précède, que justice et équité !

FÉVRIER
Architecte départemental honoraire,
Chevalier de la Légion d'honneur.

Imp. de la Soc. de Typ. - Noizette, 8, r. Campagne-Première. Paris.

PARIS

IMPRIMERIE DE LA SOCIÉTÉ DE TYPOGRAPHIE

BOUZETTE, DIRECTEUR

3, RUE CAMPAGNE-PREMIÈRE, 3